Αίλουρος

Мария Ботева

АМЕРИКА

Ailuros Publishing
New York
2019

ISBN 978-1-938781-59-9

9 781938 781599

90000

Редактор, фотограф обложки: Елена Сунцова.
Подписано в печать 12 сентября 2019 года.

America
Poems by Maria Boteva
Ailuros Publishing, New York, USA
www.elenasuntsova.com

ISBN 978-1-938781-59-9

панча панча

Д. О.

*

панча панча
такое слово послышалось нам с улицы
панча панча
повторили мы отворачиваясь от окна
панча панча
это привет от одного человека
мы могли услышать его в метро или прочесть в старой газете
а могли просто придумать
мы говорим мы — потому что это привет от друга
если бы друга не было то и этого слова бы не появилось
а значит это слово одно на двоих
а значит надо говорить мы даже если сидишь в тишине одиночестве
темноте
так далее
панча панча
обратите внимание это двойное слово
панча панча
как хорошо что есть наш друг
или когда-то был

*

панча панча
пока мы ходили по магазинам искали вафли это двойное слово
                                                    забралось к нам
в дом
тут мы и встретились
панча панча
мы вспоминаем друга
всегда только одного, а другого не вспоминаем
чтобы не плакать
панча панча
это самый старый новый год
он ещё не добрался до дома
не встал под притолоку, а уже состарился
как же так?
панча панча
если ты сегодня сидишь и думаешь, что подарить мне
то вот
мне нужна расчёска
старая сломалась
но пока ты думал, я нашла в магазине и купила
вместо вафель
всё равно я их не люблю
панча панча
не надо грустить
пусть тебе станет весело
уже сегодня

*

Л. Д.

панча панча
мы вспомнили тот странный город
странный и дорогой
вспомнили и заплакали
а как тут держаться
сегодня в том городе умер один человек
он столько значил для нас
когда-то он столько сделал для нас
для меня и того друга, которого лучше не вспоминать.
чтобы не плакать.
и для других друзей
и для многих многих людей
хороший человек
дорогой
как жаль
панча панча
смотри в окно, оно-то осталось на месте
панча панча
ты тоже его помнишь
этого человека
скажи, ты тоже помнишь его
конечно
панча панча
теперь нет этого человека
остался город

*

панча панча
давно мы не вспоминали этого слова
не брали в руки
не пробовали на зуб
панча панча
давно январь начался
скоро его середина
а нам декабря жалко
панча панча
любимого месяца
зима кругом
но какая зима кругом
как радуются все соседи
панча панча мы говорили с тобой зимой
только зимой говорили
друг друга слышали
а весной траву и воду
ветер и ветер
панчу панчу

*

панча панча
это слово о памяти
за которой не надо стоять в очереди
она сама явится
как-то раз как захочешь заснуть
зачем эта память дольше всего на свете
зачем это
панча панча
разве мы можем вспомнить
больше чем знаем
разве мы знаем больше
я говорю мы потому что
панча панча это двойное слово
и потому что
не бывает человек будто остров суши
сам по себе один
вот меня родила моя мама
вот тебя родила твоя мама
жили в своих городах
болели плакали
встретились помирились
панча панча
это слово всегда о ком-то
о ком-нибудь
кто его слышит
кто помнит
мы его слушали улыбались

*

панча панча ты чувствуешь
как много всего поменялось
в тебе не осталось сил
как раньше когда-то
звонких весёлых слов
злых добрых и прочих
какие были
высохли как стручья гороха
панча панча
только одно это слово
утешает гладит по голове
но что тебе до него
с ним не встанешь пораньше
не станешь в круг света
с высокого места
его не произнесёшь
и надо ли
говорить громко
и надо ли
всё успеть
и хватит ли одной только памяти

*

панча панча
нам не удрать
не отодрать
от этой мёрзлой земли ни слова
всё так же как в прошлый год
всё то же что в предыдущий
ты помнишь

***

В воскресенье на эспланаде, теперь это городской парк,
я сижу на скамейке без спинки, то есть на лавке.
Вчера ночью
я так сильно ударилась мизинцем на правой ноге,
что еле дошла до лавочки,
и теперь мне лучше сидеть.
Я с грустью думаю, что если кость,
даже такая маленькая,
треснула,
то теперь мне будет сложно
идти сто пятьдесят километров ради Николы
и тех людей, что идут
сто пятьдесят километров ради него же,
ради Николы.

Две маленьких девочки напротив меня
прыгают на батуте,
приземляются на ноги, на коленки,
скрещивают ноги и подлетают.
Что такое лайк? — кричат они мне, и я
показываю им большой палец вверх,
потому что это и значит лайк
и потому что они так здорово прыгают.
Я заплатила по два
не своих евро за десять минут
за каждую девочку
всего, получается,
четыре евро,
и я получила на них десять минут
на свои мысли.
Два евро и два евро — совсем не цена
для детской радости,
они будут счастливыми в это время
и даже дольше.
Потом, в кафе, они скажут:
а мы неплохо проводим день, правда же?
Конечно, правда.
Особенно если вспомнить,
что в эти минуты,
в эти десять минут

я тоже могу как бы выпасть
из того ужаса,
от которого прячусь тут,
на краю Европы,
и думаю, что два евро
и два евро —
совсем не та цена для спокойствия
сегодняшнего воскресенья.

Мне хотелось бы рассказать это всё,
соблюдая ритм,
какой-нибудь стихотворный размер,
удивляя рифмами —
мой язык
настолько богат, что справляется с задачками
посложней;
на нём, например, написана конституция
или
моя любимая книга: идут тучи с синего моря.
Это я не могу справиться,
но я смогла хотя бы
взять в руки новый блокнот
и написать:
«в воскресенье на эспланаде».
Совсем скоро я возьму себя в руки и напишу
ещё что-нибудь,
уеду обратно,
думать о войнах,
задержаниях друзей,
открытии памятников убийцам,
решать, идти или нет
на какой-нибудь парад или марш,
ждать лета,
все и всегда в моей стране ждут лета,
весь год, даже летом.
Когда начинается лето,
каждый год в одно и то же время
я иду
сто пятьдесят километров ради Николы
и тех людей,
что идут те же

сто пятьдесят километров ради Николы,
его чудес.

Девочки обуваются, бегут ко мне —
их десять минут на батуте вышли.
По дороге одна из них падает,
теперь у неё кровь на коленке,
ссадина.
Я как фокусник
вытаскиваю из сумки пластырь
и заклеиваю колено,
говорю негромко:
у собаки боли,
у кошки боли,
у вороны боли,
а у маленькой девочки заживи.
Она улыбается — всё прошло.
Это ещё что: те ли чудеса
показывает мне по дороге Никола.
Там я тоже лечу ноги путникам,
у меня всегда при себе бинты, зелёнка, россыпью пластырь
и другие полезные вещи.

Мы идём с девочками на другой батут,
я хромаю,
они подпрыгивают,
и я снова плачу
два евро за десять минут за одну девочку
и два евро за десять минут за другую девочку.
И ухожу в кафе — тут два шага,
заказываю нам всем оладьи,
гляжу на девочек, сидя за столиком.
Сейчас пройдут
эти десять минут.
Сейчас-сейчас.

* * *

врач сказал:
это не ты говоришь,
так тебя научили на площадях на трубах
в метро и на детских площадках в ожидании слёз
когда спешишь подбежать и подуть на больное.
ну да — отвечаешь — верно, это не я,
вспоминается кстати случай
мы жгли костёр не выезжая из города
встали в большой круг притащили газеты
скинули стулья из окон
всякую требуху
стояли грелись было так весело
на автобусах мимо ехали люди
темно но сквозь стекло видно:
хотели к нам
они все хотели.
октябрь холодно и темно
в общежитии не топили
все включали электроплитки
и электричество пропадало
каждые пятнадцать минут
потом каждые десять минут
каждые пять
две
и совсем пропало.
и тогда мы вышли на улицу
с газетами
старыми стульями
и только тогда мы выкинули требуху
чиркнули спичкой.
приехали люди с видеокамерами
репортёр стоя спиной к костру
говорил в микрофон смотрел в камеру:
так начинаются революции
а мы смотрели на его длинный кожаный плащ
думали: загорится или как-нибудь обойдётся?
обошлось? — спросил доктор
обошлось. и революции тоже не было.
и он попросил ещё покричать нас что-то такое
бунтарское

может быть слово «тепла» «тепла»
и погромче.
и мы покричали
нам что жалко.
и это тоже не мы говорили
это за нас говорила наша родная речь
и даже если мы
хорошо не надо за всех
если я захочу уехать
если я надумаю помирать
если я всё забуду
вспоминается другой случай
мы сторожили всю ночь в том же городе
один двор от строителей
снова было темно и холодно
ну нет — говорит врач — хватит уже вспоминать.
хорошо можно не вспоминать
но и забыть не получится
что наша родная речь говорит и там
у костра
на площади
на трубах
а та что в газетах вспыхнула
и до сих пор горит.
сжимаешь вот так вот голову
вот так закрываешь глаза
и даже ложишься спать
а она горит
а она говорит трещит
спине холодно.

* * *

Если бы я жила в Америке, меня звали бы Хью.
И неважно, мужское это или женское имя,
всё равно меня звали бы Хью.
Не Гэри, не Ричард,
не Энн, не Лиз,
коротко и ясно — Хью.
Чертовски круто.

Я дружила бы с Энди Уорхоллом.
Он умер, мне скажут.
Да ладно! Вот незадача.
Но всё равно
я дружила бы с мёртвым Энди Уорхоллом —
я же Хью, мне всё можно.
Ходила бы, цитировала его дневники —
огромный том,
мягкая обложка, стоит полторы тыщи рублей —
и то, считай, повезло.
Энди и Хью — неплохо.
Да нет — просто круто.
Конечно, как всякая Хью,
я бы писала стихи,
публично в метро
читала бы, перекрикивая поезда,
вот чёрт, как же громко-то,
смозолила бы язык
своими же стихами,
всё ради последнего слова,
любовь или майонез,
я ещё не придумала,
Энди, эй, не всё сразу!

Ещё мне бы полагался свой саксофон,
играть в джаз-команде
всего лишь одну песню,
которую я стащила у Гленна Миллера,
а он стащил у Шаляпина,
Шаляпин тоже не сам написал.
Она называется очень длинно,

она называется: бородатые мужики на Волге,
а по-русски Дубинущка.
Я бы играла её.
Я бы играла её ещё.
Я бы играла её.
А потом бы не удержалась и крикнула:
эй, Гленн, не сердись на меня,
подумаешь, стырила песню.
И он простил бы.
Эй, Энди, послушай.
И он послушал бы.
И если дубинищка так хороша,
и если Гленн перестал сердиться,
то, значит, и я прекрасно устроилась
в Америке.

***

из миллиона слов выхватываешь одно
ты закатываешь глаза
закатываешь глаза
садится солнце за горизонт
темно почти ничего не видно
темно почти ничего не слышно

меня спрашивали где ты
отвечала не знаю я ничего
глаза опухли губа разбита
на ноги на ноги посмотри
не надо стою и ладно
не знаю я ничего
поднимала плечи чтобы поверили
не поверили

говорили скажешь скажешь
нам-то и не сказать
нам все говорят
и не такие нам открываются
чистосердечные посмотри подписи
белый лист на свет
глаза бусины
не вижу я ничего
не вижу я ничего
ни одного имени

***

скальпель веник табуретка
приходи поговорим
можно долго час и два
нам смотреть в окно и видеть
как там в белом тишина
раскрывает ножом горло
как там в сером тишина
раздирает пальцем рты
распадаются слова
не на звуки не на слоги не на буквы
на шурфы
наши дни считают ямы
наши дни упали в лужу
наши дни сидят за печкой
приходи сохрани

***

ты думаешь, держать красное перо вдоме — это нормально?
а синее перо вдоме — это нормально?
любое перо в своём доме, каково это?
да уж получше початков рогоза
они-то всегда гбеде
динг-донг смеётся рождественский колокольчик
в конце декабря в январе в начале
слышишь рождественский колокольчик динг-донг
это на твоей улице звонг
динг-донг динг-донг
это нормально
звенит на английский манер какие сложные звуки
слитные окончания
пожалуйста, не выговаривай их все
не выговаривай до конца
оставь немного на тёплое время года
оставь немного на память
как красное перо вдоме
или синее перо вдоме
также со звуками зимнего колокольца
никто не знает стоит ли хранить в доме
но эти донги не переводятся

***

прилетит волшебник в вертолёте
скажет: дети, вы ни в чём не виноваты,
скажет мухам: вы ни в чём не виноваты,
скажет снам и тоненьким тетрадкам
ластикам карандашам и бритвам
вы не виноваты
вы не знали
что гулять по потолкам и стенам
по болотам и весенним рекам
оставаться в крепостях и скалах
нежелательно не только в выходные
но всегда и всюду отойдите
отходите не мешайте
под ногами
снег и каша
мел и подорожник
руки позвоночник подбородок
насыпная галька керамзит
смотрим через пальцы на дорогу
взрослые уходят и уходят
ни один назад не обернётся
и не скажет:
вы не виноваты
не смотрите через пальцы
станьте прямо
никогда ни в чём не виноваты

***

ходишь по городу только днём
и ни о чём не думаешь
только всё помнишь
потому что где ни окажешься:
в метро электричке гостях и прочее
то книги, то папки с бумагами,
простыми, и деловыми, и не поймёшь для чего,
как будто черновики
как будто огрызки жиз
в какую из них ни заглянешь:
слова и слова и слова
и даже как будто твоим же почерком.
откуда только взялись
постойте надо же разобраться
надо же среди них найти слово вечность
или парочку других слов
и не пропустить время ужина
уколы таблетки прочее
и не заснуть на стуле
не выпасть вон

***

под моими окнами железная дорога
для того чтобы ходили заводские поезда
заводы работают плохо
поездов мало
а от себя одной чтой-то я устала

***

этой ночью приснилось что я на войне
игрушечной с тупыми детскими стрелами
и гуттаперчевыми гранатами
зато настоящими флагами и враждой
и готовностью крикнуть ура и бежать в атаку
и как будто я на стороне давних друзей
детей и найденных кошек
и они все так рады
что я с ними
хотя если сражаться то я стала бы за других
а лучше вообще бы не стала

однажды я была у врача
такого специального в очень белом халате
мы разговаривали и это и было лечение
и я рассказала что мне плохо
когда я бываю в местах где кричат долой
или кричат не простим
или ещё что-нибудь в этом роде
но почему? — спросил врач
почему? это же не про вас
(мы были на вы)
и вам ничего не угрожает
я не знала что ответить врачу в очень белом халате
что всё вокруг о господи это бог
и мне ничего не угрожает?
особенно если не ходить в такие места
не бывать не слышать узнавать с опозданием
узнавать когда всё закончилось
и если всё вокруг о господи это бог
и если бога о господи не останется
то как же дальше

врач выписал мне таблетки
к ним привыкаешь
как привыкаешь в спокойном месте
ходить и не оборачиваться
даже в самую тёмную ночь
к ним привыкаешь зависишь от них

зато смотришь на мир как будто
сидишь за толстым стеклом
не прячешься от всего вот этого господи
и правда теперь так и есть
меня не колотит от каждого недоброго взгляда
от каждого слова долой
(я намеренно пишу тут слова без кавычек и все с маленьких)
а в некоторых местах
можно просто закрыть глаза и не видеть
но всё вокруг о господи это бог
всё вокруг о господи это наш мир
даже война о господи не во сне

* * *

в прошлом году,
нет, в позапрошлом году,
нет, не помню, в каком году
я заболела простодушием
и не смогла жить
без постоянного врачебного наблюдения.
меня положили в больницу.
врачи сказали: тебе это поможет,
наши лекарства и наблюдение.
но как, если всё вокруг останется прежним,
и только зима уйдёт?
врачи не ответили,
а просто
поставили капельницу.
потом спросили: ну как?
получше?
и меня вырвало прямо на них простодушием.
больше капельницы не ставили,
изводили одноразовые шприцы
на уколы.
и не спрашивали: ну как?
зима прошла,
и меня выписали в весенний мир,
выдали целый мешок таблеток —
это вместо уколов,
от которых было уже трудно ходить
по улице и просто так
трудно ходить,
смотреть на то,
как всё тает,
тает, меняет цвет,
форму,
появляются новые запахи.
хотелось реветь:
я пропустила зиму,
пролежала её под наблюдением.
но оказалось,
что слёзы ушли с простодушием.
и вот этот год
совсем бесслёзный,

снежные дни
как нарочно для тех,
кто пропустил прошлую зиму,
разменял на уколы с таблетками.
для меня.
и пока я хожу под снегом,
и пока считаю
густые белые дни,
и пока зима происходит,
я вижу,
что простодушие возвращается.

***

вы поймали этот предмет левой рукой
вот значит как вы левша
а мне-то спросите что за дело
нет нет нет
мне нет никакого дела
просто меня любопытство разбирает на части
схемы кнопки и провода
но и среди них нет никакого дела
никогда никакого дела
только и думай осторожно догадывайся
тот левша
тот правша
а этот просыпается по ночам
глядит сквозь веки
видит одну темноту и вторую
не знаю как-то он в них разбирается
мне-то какое дело
ах вы мои леворукие
ах вы мои праворуконькие
ах ты одна темнота
и сразу потом другая
просто ночь ночь день ночь не с кем поговорить
чай остывает
посмотришь в окно помолчишь
снова посмотришь
нет нет не с кем поговорить

***

что я могу рассказать про бардак
совсем немного
вот все уехали
и несколько дней
я не буду всё это раскладывать по местам
пусть игрушки лежат на полу
пусть пылится здоровый кусок поролона
из которого кто-то хотел сделать кукольный театр
хотел да не сделал
буду ходить по нему туда-сюда
он лежит на дороге в комнату и из комнаты
пусть бельё пока останется
на кроватях
постираю его потом
это такой рассказ про бардак
несколько слов про одиночество
мне столько лет
а я всё не могу рассказать о тебе
одиночество

***

коротаю лето в стенном шкафу
в платье выбираюсь гулять в коридор
открываю дверцу едва-едва
чтобы ветер не поднимать
даже совсем крохотный не поднимать
в коридоре бабочки и сверчки
только б ветром бабочек не спалить
дверью шкафа бы не задеть сверчков
это лето о смерти так говорит
долгие твои разговоры слушай сиди
мутные твои дни живи давай
перекисший квас не пролей на стол
трудно понять для чего они
подговорили голубя
сел на балконе давно сидит
то что на улице видит
то что в доме нет
на глазу бельмо голубь инвалид
улетай лети не летит
потому что на улице дождь и дождь
потому что всё дождь и дождь
улетай тут голуби не живут
тут сверчки не прыгают а трещат
бабочки о смерти здесь говорят
и балкон на такой высоте висит
что как выйдешь кружится голова
и как крикнешь снизу ответят нет
на любые вопросы ответят нет
сверху бы ответили тоже нет
только сверху крыша и никого
только шкаф в стене и в нём я сижу

***

будто бы всё на свете
будто бы всё на свете
перестаёт царапаться
становится говорить
и всё всё на свете
рассказывает тебе.
пока не прилип к гортани
рассказывает про всё.
трамвай и снег на асфальте
шёпотом или скрипом
просят не уходить.
потерянная перчатка
о том как была счастливой
прошло три вечных минуты
теперь уже стала несчастной
а впрочем иди домой
тебе всё равно не понять.
ночные вороны тоже
орут за окном летают
летят десять раз по кругу
рядом с твоим окном
ты думаешь:
зачем мне ночью вороны
вообще вороны зачем?
и вдруг они замолкают.
и тишина за окном
тебе говорит: ну вот.

***

ищешь повод и не находишь
разводишь руками а может быть так стоишь
если бы выбирать возможно бы стала селёдкой
короткая жизнь в море
короткая жизнь молча
зато серебряные бока
на палубе все лежат и сверкают
глазам рыбаков больно
потом в бочку
потом на стол
потом говорит кто-то
как было вкусно спасибо хозяевам продавцам рыбакам морю богу
за этот повод
за этот вкус

***

вот тебе ручка, сиди да пиши, одноглазое лихо.
о чём придумаешь говори, но только веди себя тихо
и незаметно с дороги и с той, и с другой,
ни туда ни обратно соваться не надо.
словом, сиди, и молчи, и не бойся остаться одно.
всегда кто-то рядом.
всегда чей-то вздох.

вот тебе курточка, азбука, ненастоящий очаг вместо двери,
можешь сидеть до скончания века и греться,
буквы писать в воздухе жарком дрожащем.
это тебе бесконечные дни без пощады, прощаться не надо.
всегда чей-то вздох.

тихо сиди, одноглазое лихо, в конверте,
спи и усни, несусветное, не просыпайся,
не бормочи во сне, мы не слышим тебя, бесполезно,
забыли твой адрес, тебя почтальон никому не доставит,
устанет
ходить по дворам, вздыхать, от ходьбы задыхаться,
пот утирать с лица, одноглазого лиха бояться.

***

отец
объявляет тебе войну
ты на неё не идёшь
думаешь: мало ли что-то не так
какая такая война
наверно просто погода с утра не погодится
ветер метель
сломалась машина
мизинцем ударился о ножку кровати
или кто-то не так посмотрел
это не повод
всё бывает
всё забывается
и эта война забыта
он говорит
умой лицо
или к стене отвернись не бойся
считай ягоды
клюкву бруснику
до сотни хватит

жизнь продолжается
идёшь на танцы
или в какую-нибудь изостудию
куда угодно ещё
а зря
проморгала начало новой тебе войны
она наступает
а тебе некогда
допустим выпускной в школе
или свадьба подруги
или твоя
хотя конечно подруги
сначала ещё в парикмахерскую
и вообще как-то не до того
и ты отвечаешь
ну что ты
что ты откуда такое
кому сказать не поверят
родной отец

а он:
а ты молчи
никто тебе не поверит
но знай что эта война
идёт уже много лет
как думаешь
в чём причина?
ты не говоришь и думаешь
ну почему
почему опять?
я знаю глаза не похожи
и форма рта не такая
но чёрт возьми
дожили до выпускного
почему надо всё портить?
настроение никуда
среди ночи уходишь домой
там все спят
могла бы ещё гулять

ложишься и просыпаешься в другой мир
получаешь письмо
из соседней комнаты
два слова:
это война
и ещё несколько слов
всё про то же
про форму рта
мизинец
и всё время не так смотришь
говоришь грубым голосом
разве не можешь нежным?
и вообще
избегаешь конечно войны
кому сказать
а кому скажешь?

он опять говорит
умой же своё лицо
отвернись от меня
не смотри так пронзительно
совсем не смотри

мигай в сторону
не брызгай своей водой
зачем ты
откуда её взяла?
успокойся
сядем поговорим
время моё уходит
убегаешь
бежишь по городу по делам
в соседнем городе тоже дела
командировки и конференции
где угодно
как много дел
когда отвернёшься
не думаешь
потом в лес по ягоды
брусника черника
руки на время
становятся красными
вернёшься
а в доме опять война
и окна настежь
закроешь —
и этих запахов мирных дней
уже не помнишь
сидишь ягоды перебираешь
варенье и прочее
и снова идёт война
в которой ты не участвуешь
в которой не разбираешься
а вокруг
всё как-то мерцает
как будто дымится
и кружится голова
живёшь из себя
утро
день
вечер
ночью
откуда-то приезжает врач
увозит отца в машине
но он успевает сказать

война закончена
мои дни остановлены
и утром оказывается
что правда дни остановлены
война окончена навсегда
ты приходишь с войны
полные руки ягод
морошка и ежевика
малина с кулак
в капюшон нападала
и руки не отмываются
держишь под краном
воду забыла включить
думаешь:
вернулась с войны
повоевать не успела
зачем я на него брызгала
теперь никогда больше

* * *

николай скорый идёт на север
в дублёнке шапке и сапогах
глаза ему залепляет снегом
он протирает их варежкой грубой вязки
где-то купил по дороге
вот тебе николай
носи с удовольствием николай
держи и носки грубой вязки
и продолжай свой путь
мы не примем тебя николай
ты всегда нам будешь чужой
что ж
наступает утро ли
вечер ночь
то есть сменяется время суток
николай уже не различает
не понимает как
один час отделить от другого
когда они слиплись сиамскими братьями
как отличить дни недели
как вы считаете
где я
как вы считаете
который час
какого-то дня
а может быть ночи
у вас тут на севере не поймёшь
идёшь в бесконечном тоннеле темени
и времени больше нет
а за этим тоннелем темени
много времени
теряешь нить
сегодня завтра всегда
чемодан вокзал скорые люди
мимо вас проходят
уходят от вас
ваш хор говорит:
мы не примем тебя николай
мы не примем тебя алексей
мы не примем тебя игорь володя

серёга андрей тимофей
вероника маша елена
никита фотинья дмитрий
диана геннадий алина
влада и вероника
евгений таня и тоня
короче никто до конца
не осилит список
никто не прорвётся
сквозь этот хор
никто не оглянется
а оглянувшись
нет не оглянется
не увидит
вот стало некому провожать

***

возвращаюсь на родину
то есть
в омут осины снег
белый день капель
голосящую немоту
то есть в родную речь
наступает зима
на Сенатской снег
на Болотной снег
во всём городе снег
и за городом снег
над железной дорогой снег
снег
снег
выпал первый
вечером взял и растаял
или куда-то пропал
на балконе белая крупка ещё лежит
родную речь укрывает
кто обещал её сохранить
навеки от плена спасти
в стихах сказано что это мы
стоит ли верить
что это навеки мы
а она вот она родная речь
как может
под крупкой
на том балконе
никто не знает
в этом омуте
снеге осинах
немоте голосящей —
везде и всюду
попробуй поймай сохрани
когда выходишь гулять
по площади
улицами течёт переулками
что-то такое не знаешь как рассказать
что вот она меняется навсегда
сохраняется навсегда

хоронится прячется
от глаз подальше
от зубов и всего железного
только представь снег
снег
снег
земля
рельсы шпальсы на дальние расстояния
и родная речь
шумит в ушах в венах

***

я Гарри Поттер, я веду крестный ход
подальше отсюда туда.
он будет у нас большим,
с ночёвками в строительных котлованах,
оврагах, обочинах у дорог.
кому ни споём мы славу,
все помогают нам:
вот Иоанн с головой отдельно,
вот скорый помощниче Николай,
правило веры и образ кротости.
нас мало, и мы как всегда в платочках.
лето и духары, и мы по дороге срываем цветы,
смотрим, любуемся: вот тоже от мира мир,
песчинка творения, радость твоим глазам.
вот альпина большая, но мала от неё тень в полдень.
вот вырвана вся поляна —
тут росли краснокнижные семицветики.
вот ландыши с мая остались,
совсем состарились.
радуешь ты нас мир.
а я не могу так, мама.
я не могу так больше —
без книг про писателей в эвакуации,
без шоколадных лягушек,
без скоростной метлы,
без жалоб и без нытья.
в этих молитвах мне мало слов, мама.
в этих цветах чего-то мне не хватает,
но неохота анализировать, чего именно.
зачем эти люди идут со мной, мама?
я же им говорю: вот это река Шексна,
тут можно остаться и жить,
дышать металлом.
Вот река Вятка — пешком её перейди.
на острове скоро откроют маяк — люмос!
никто не идёт.
никто меня не оставит.
эти люди с добрыми лицами
меня не оставят в моей борьбе,
не дадут позабыть о ней.

***

что поделать если у нас в языке есть два слова вы
одно — это множественное число тебя
второе — единственное число тебя.
от этого кружится голова
как у одного известного писателя в одной книжке
то есть правильно говорить у рассказчика
вдруг у писателя всё не так.
рассказчик ходит по земле ездит
а стоит ему подумать
что тут до него был великий человек
один из великих единственное число
как у него кружится голова
к тому же в автобус заходят сразу два человека
похожие на того знаменитого
он ещё говорит: как две капли воды.
и рассказчик не доезжает до места
смывается из автобуса
сливается
и даже не веришь что так сильно у него кружится голова
так сносит крышу просто от мыслей.
как будто это ты думаешь про два слова вы
одно с маленькой буквы
одно с большой
одно множественного числа
одно единственного.
что тебе теперь делать со всеми этими мыслями
близнецами знаменитых и неизвестных людей
собак чаек ворон
такими же чайными чашками
какие были давно в твоём доме
а теперь такие же точно ты видишь на фотографии
откуда-то из турции например.
всё это вертится вертится в голове
а ночью шумит в ушах:
выйди на балкон смотри
нынче луна полная
и завтра ещё посмотри сравни
а ты внутри полая
набитая сеном слева
справа соломой

или наоборот.
какая тебе разница
если всё равно луна круглая
и земля круглая
и голова твоя волосатый шар
набитый словами
воскресшими воспоминаньями
юлой
которая всё равно вертится
вертится вертится
вот начинает крениться и затихать
нет снова думаешь снова вертится

***

Когда я напишу свои лучшие слова,
я не знаю, в прозе или в стихах,
это не особенно важно.
Так вот, когда я их напишу
и где-то тут же опубликую,
это же будет взрыв.
Такого никто не ждёт, а вот поди ж ты.
И люди начнут писать:
«Маша» и три восклицательных.
Или даже так:
«Господи, Маша» и три восклицательных.
А я скромно скажу,
что готовилась написать всё это
двадцать пять лет.
Ну, или около того.
Двадцать пять лет не могла открыть рта,
чтобы сказать то,
что теперь — пожалуйста — в этом тексте.
В готовом виде.
И кто-то скажет:
«Где ж ты была все эти годы?
Или хотя бы три года назад?
Мне было так важно всё это услышать
или вот прочитать,
как сейчас.
В готовом виде».
Мне нечего на это ответить.
Двадцать пять лет,
или тридцать,
или сто
я не могла подойти ко всему этому,
не знала слов, с которых можно начать,
какими продолжить.
Я и сейчас ещё не начала ничего,
может быть,
буду ждать ещё двадцать пять лет.
Или двадцать шесть с половиной.
Или напишу прямо сейчас.
А может, не напишу.

***

1.

В Америку я приехала из Африки.
Африка оказалась маленькой,
бегом наискосок буквально за пять минут.
Спрашивается, что я могла целый вечер
в седьмом классе раскрашивать в контурных картах?
Каждую возвышенность,
Каждую низину,
Каждый островок зелени.
Получила пятёрку.
Дольше готовилась спуститься с горы.
Был вариант слететь с неё на воздушном парусе,
смотреть вниз страшно,
не то что лететь над землёй.
Сползла просто так, вперёд ногами,
как с лазилок на детской площадке.
Незнакомая Африка,
совсем немного похоже на ту мою карту.
Совсем непохоже на Лимпомпо доктора Айболита.
Единственное, что правильно —
доска почёта с пальцем женщины
в парке на берегу океана.
Правда, прибавилось ещё несколько досок.
Совсем маленький парк,
последняя зелень на границе Антлантики.
Одна русская женщина прошла всю страну
(не помню, как называется)
за сколько-то дней,
пока ходила — повредила свой палец,
отрезала его, принесла,
медицина пришила ей куриную лапку.
Похожая история с другими пальцами —
все они на досках почёта,
можно полюбопытствовать.
Рядом с парком какие-то киоски
с фермерскими продуктами.
Ну какие могут быть фермеры в Африке?
Я вас умоляю.

Мы ходили по этим киоскам с одной знакомой,
хотелось плакать:
какие тут могут быть фермеры,
какие ещё продукты?
Ладно бы Белоруссия.
Кстати, смородина в Африке
ещё не поспела.
Казалось бы, юг, а туда же.
Ждём урожая, а пока
подкрепляемся странной ягодой
чем-то вроде крыжовника и малины вместе.

2.

Потом прилетела в Америку,
на самолёте,
было уже темно,
и я сразу пришла в гостиницу.
Это был Вашингтон,
и я спросила, как мне проехать в Нью-Йорк,
на какой электричке.
Мне сказали, что надо сесть на попутку,
стоимость 370 долларов,
но можно дешевле,
если будут ещё пассажиры.
Совсем как у нас,
когда едешь из Кирова в Слободской,
только цена другая.
И расстояние.
И я поехала.
Нью-Йорк тоже оказался другим,
не таким, как у Патти Смит
или у Сэлинджера.
Я сразу отправилась в редакцию одной известной газеты
с предложением что-нибудь написать.
Мне сказали: конечно же,
вот нам интересно, что там в Омске.
Но я ничего не знаю про Омск
ни от Чуковского, ни от Патти Смит.
У меня мало мыслей,
только одна: Россия оказалась больше,

чем я думала,
больше, чем Африка.
Но это обычная мысль,
зачем она известной газете Америки?
Не стала и предлагать написать об этом.
Решили ещё подумать,
что может быть интересно этой газете.
Может быть, скоро что-нибудь там выйдет,
что-нибудь им напишу.
Ушла гулять,
хотела сесть на трамвай и поехать куда-нибудь,
но оказалось, что тут нет трамваев.
Совсем как в Кирове.
Пришлось пешком,
но я люблю пешком.
Шла, смотрела по сторонам,
никаких магазинов с фермерскими продуктами,
только аптеки с перцовым пластырем,
помешались они на нём, что ли?
Странно, что никто об этом не написал до сих пор.
Ну, вот я хотя бы засвидетельствую.
Знайте же: в Америке много перцового пластыря,
она первый по нему поставщик в мире.

3.

Потом я вернулась домой,
совсем недолго была в Америке,
она оказалась большой,
больше, чем Африка,
но у меня было мало долларов,
чтобы подольше ездить.
Я была так недолго,
вишня не успела созреть,
зато появилась клубника,
и дрозды её поклевали,
землянику не тронули.
У вороны из гнезда на соседской ёлке
выпали три птенца.
Все трое погибли,
соседка их выкинула в мусорный бак.

Ночью машина увезла вместе с мусором,
теперь они где-то, видимо, на городской свалке.
У нас всё обыкновенно:
никаких куриных лапок на месте пальцев,
никакого засилья перцовых пластырей,
никаких трамваев,
смородина висит зелёная,
в общем-то,
что-то похожее на Африку и Америку,
а может быть, и на Омск.

СОДЕРЖАНИЕ

www.ingramcontent.com/pod-product-compliance
Lightning Source LLC
Chambersburg PA
CBHW060624030426
42337CB00018B/3187